Kanocoと申します。
好きなものは少ないですが、
好きなものをとことん愛します。
家族、友達、あの人やあの人、仕事や自然。
そんな「好き」の気持ちをぎゅぎゅっと詰めて
泣いたり、笑ったりしながら作った一冊です。
今しか出来ない今を形に。
手に取ってくれてありがとう。

Kanoco.

Contents

着ること …… 006

私服のKanoco 100 …… 020

集めているコモノ …… 050

しろくま大集合！ …… 056

美容のこと …… 060

①ヘアスタイルの今昔
②ヘアアレンジ
③メイク
④爪のおしゃれ

喜怒哀楽 …… 068

ときめき 072
はじめてのはとバス体験〈鎌倉・江ノ島編〉 078
KanocoとKASUMIののんべえ女子会 086
習い事はじめました 094
Part1／アンティーク着物の着付け
Part2／おふくろの味
Part3／陶芸
Kanocoの一日 108
Kanocoの生い立ち 110
ショップリスト 112

着ること

ワンピース¥84,000／ノワール ケイ ニノミヤ（コム デ ギャルソン）

ジャケット¥60,000、パンツ¥44,000／ともにワイズ（ワイズ プレスルーム）、スニーカー¥11,000／ナイキ（NIKE カスタマーサービス）

ワンピース¥74,000／トーガ プルラ（TOGA 原宿店）、スニーカー¥5,000／ナイキ スポーツウェア（NIKE カスタマーサービス）

Tシャツ￥8,000／サンスペル（ビショップ）、スカート 参考商品／トリコ・コム デ ギャルソン（コム デ ギャルソン）

ニットトップ￥59,000／トーガ プルラ（TOGA 原宿店）、スカート¥97,000／トリコ・コム デ ギャルソン（コム デ ギャルソン）、サンダル／スタイリスト私物

GENKI
OHAYO

ワンピース（p6と同じ）、サンダル¥2,800／ナイキ スポーツウェア（NIKE カスタマーサービス）

ハット¥45,000／アンダーカバー、トップ¥27,000／ピーター イエンセン、
パンツ¥97,000／ブレス（ともにDiptrics）、サンダル／スタイリスト私物

上／ジャケット¥37,000、パンツ¥17,000／ともにリビルド バイ ニードルズ（ネペンテス）、スニーカー¥12,000／ナイキ スポーツウェア（NIKE カスタマーサービス）、中に着たタンクトップ／スタイリスト私物

右ページ下／コート¥70,000、ハイネックニットプルオーバー¥55,000／ともにアンダーカバー、パンツ¥54,000／ワイズ（ワイズ プレスルーム）、スニーカー¥7,500／ナイキ スポーツウェア（NIKE カスタマーサービス）　**上**／p14下と同じ　**下**／コート¥137,000／ブレス（Diptrics）、シューズ／スタイリスト私物

シャツ¥78,000／アンダーカバー、ジャンパースカート¥74,000／ワイズ（ワイズ プレスルーム）、スニーカー¥17,000／コンバース（コンバースインフォメーションセンター）

トップ¥30,000、パンツ¥28,000／ともにミヤオ

Tシャツ¥8,000／サンスペ.レ(ビショップ)、ロングスカート¥36,000／アンダーカバー、シューズ／スタイリスト私物

ジャケット¥43,000、パンツ¥24,000／ともにブラック・コム デ ギャルソン（コム デ ギャルソン）

私服のKanoco

シンプルが好き。古着も好き。重ね着は苦手。
ゆるりと、肩の力を抜いて、さりげなく。
そんな春夏秋冬、四季の私をお見せします。

100

1

Summer

基本的に重ね着をしない私の本領発揮！
大好きな季節が夏、です。
何てことないアイテムで、暑い季節を過ごします。

3

3／ワンピースもミニバッグも、私の好みを知り尽くした大好きなスタイリストさんや友人からのプレゼント。どちらも古着です。

2

2／少しガーリーなワンピースには、デニムをレイヤードしてカジュアル感をプラス。ファビオ ルスコーニのサンダルで白をリピート。

4

4／アンリアレイジのパンツは、ダイヤル式でウエストが調整可能。コンパクトシルエットのTシャツを合わせれば、バランス抜群！

5

5／TシャツはヘインズのXXXLサイズ。ボリュームのある5分袖は、女性らしいスカートの着こなしにもマッチします。

1／白いTシャツにデニム、コンバース。一番私らしいシンプルスタイルは、胸元のリボンやコンバースの日の丸でアクセントを。

7

7／てろりとした素材感、きれいめの古着ワンピースは、小物でハズして。丸めがねとコンフォートサンダル、ミニトートで抜け感をプラス。

6

6／ZARAのシャツとアイロニーのパンツ。オールホワイトの着こなしに、バッグの黒を効かせて。白の微妙な色の違いもポイントに。

8

8／お母さんが妊娠中に着ていたもの(!)を譲り受けたドットのサロペットを主役に。モノトーンでカジュアルシックにまとめて。

9／ニコアンドのガウチョパンツに、ボーダーシャツをイン。爽やかなマリンスタイルは、小物をスポーツテイストで統一したのがポイント。　**10**／私がデザインしたTシャツは、SECOND SKIN（www.secondskin.jp）で購入可能。水彩画のレッドを挿し色に効かせています。　**11**／ドットのワンピースは古着。ジャーナルスタンダードのストールをターバン風に巻いて、どこかリゾート感のある着こなしに。　**12**／古着のTシャツとバルコニー アンド ベッドのスカート、ブルーの濃淡が夏らしいコーディネート。白い小物でさらに爽やかに。　**13**／リラックス感のあるスウェット地のガウチョパンツはブラック・バイ・マウジー。ロビタのメッシュバッグでぴりりと引き締めて。　**14**／私がイメージモデルを務めさせていただいたチチカカの新ブランド・WAのパンツと、ベトナムのバッグでほんのりとアジアの薫り。

17

16／モード感のある黒いアイテムのコーディネートに、スポーツテイストを効かせて。テイストミックススタイルもよくします。

16 →

15

17／ヘインズのXXXLサイズのTシャツをミニワンピース風に。スポーティなスタイルは、色数を抑えると、大人っぽい印象に。

15／エンフォルドのトップスとアンリアレイジのパンツ。デザイン性のあるアイテム同士の着こなしは、小物でカジュアルダウンさせて。

← 19

20

20／ミスティックのデザインブラウスとワイズのパンツ。濃色のコーディネートに、シアタープロダクツのクラッチの赤を効かせています。

18 →

18／ワンピースをシンプルに1枚で。トートバッグはモデルのKASUMIちゃんからのプレゼント。「KANOP(カノピー)」イラスト入り。

19／ブラック・バイ・マウジーのデニムに古着のハイネックニットをイン。古着のミニバッグを合わせれば、どこかレトロな雰囲気。

21

22

21／オメカシのワンピースは、大柄のフラワープリントが大人っぽい印象。花の色に合わせ、ファビオ ルスコーニのサンダルをプラス。

22／Tシャツ素材の着心地のいいワンピースはエンフォルド。さりげなくアシンメトリーのデザイン。黒い小物で夏のモノトーンに。

← 23

23／コム デ ギャルソンのTシャツに古着のスカートを合わせて。モノトーンの着こなしは、お母さんから譲り受けたイヤリングを挿し色に。

25

25／古着のワンピースは、袖と胸元がお花のレース仕様に。破れていたところは自分で縫って、大切に着続けている一枚です。

24

24／スタイリストさんからのプレゼント、古着のワンピースは1枚でさらりと着てもインパクト大。大ぶりイヤリングもなじみます。

26

26／ネイビーのスカートは、広げると扇形になる贅沢な生地の使い方、着たときのフレア感がお気に入りの一枚。クラッチでレディライクに。

27／オールホワイトのコーディネートは素材感の違いでリズムを作って。インパクトのあるスカートがTシャツとスニーカーでカジュアルに。

27

31

↓

30

↓

29

↓

28

↓

28／エンフォルドのワンピースを主役にしたブラックコーディネートに、ソックスの赤を効かせた、コントラストのある着こなし。
29／ハイウエストのデニムに、無印良品のポロシャツをイン。ベーシックなアイテム同士でも、シルエットでぐんと新鮮な印象。
30／背中のストラップがポイントのジャンパースカートは、Tシャツでゆるりとシンプルに。バッグとシューズの素材感を合わせて。
31／ケイスケカンダが製作したTシャツは、写真家・川島小鳥さんの写真集『明星』のオリジナルグッズ。デザインデニムでシンプルに。

35　34　33　32

32／異素材ミックスのデザインワンピースはワイズのもの。オールブラックのコーディネートに、素材感で軽やかさを出しています。
33／オリエンタルな柄のミックスが印象的なワンピースを1枚で。コットンのトートバッグで、カジュアルな印象にシフトさせて。
34／インパクトのある大塚呉服店のTシャツは、ラメ入りの古着スカートとシンプルコーディネート。シルバーのサンダルでトレンド感を。
35／パーティスタイルは、古着のワンピースに、ヒールにデザイン性のあるアンリアレイジのパンプスを。シンプルに個性を薫らせて。

Autumn

長袖アイテム1枚から、軽めのアウターまで。
モノトーンを中心にした
ほんのり肌寒い季節の着こなし。

36

36／古着のバーバリーのシャツは、ノンウォッシュのデニムでシンプルにコーディネート。ローファーでさりげなくトラッド感をプラス。

38

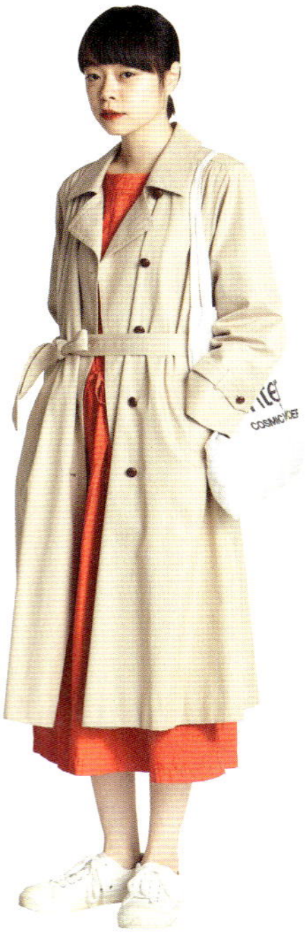

38／トレンチコートは、お母さんから譲り受けたもの。ウエストマークで、パーリッシィのワンピースとバランスのいいレイヤードを。

37

40

39

37／ネイビー地にパステルカラーの刺しゅうが美しい、古着のワンピース。アイ（現イクミ）のサイドゴアブーツで足元にはボリュームを。

39／重ね着しているみたいなトップスとボトムスは、リラクスのセットアップ。アースカラーのニューバランスでハズすのがポイント。

40／光沢のある素材感とゆったりシルエットが魅力のジャーナルスタンダードのワンピースを、レギンスとレイヤード。リラックス感抜群。

41

41／ニットとショートパンツ、モノトーンのコーディネートに、本物のドライフラワーが入ったアンリアレイジのスニーカーで花を添えました。

42

42／コズミックワンダーの異素材ミックスのロングワンピース。私がデザインしたトートバッグで全身に軽やかさが出るように。

43／原宿の古着店・メリッカで購入したニットとスカート。ブラウンのグラデーションの着こなしに、ホワイトの小物を効かせて。

43

45／Tシャツにデニム、コンフォートサンダルのコーディネートに古着のローブを羽織って。リラックス感のあるスタイルが好き。

44／細身でシルエットの美しいスウェットパンツに、ボーダーシャツをイン。私がほっと落ち着く、ミニマムな着こなし。

47／ミニキュロットのコーディネートは、スポーティな小物でメンズライクな味つけを。ハイテクスニーカーで軽快に、元気に。

46／ずっと憧れていたアーツ＆サイエンスのブラウスは、プレゼントされたもの。ワイズのパンツと合わせてワントーンをシンプルに。

49

48

48／生地を豊かに使用した古着のワンピースは、フレア感が魅力。ムーンスターのスニーカーでシンプルに着こなしてもサマになるので重宝。

49／フロントにデザイン性のあるコズミックワンダーのワンピースをさらりと1枚で着て。素材感にニュアンスのあるバッグでシンプルに。

52／ふわりとした裾のデザインが魅力のエンフォルドのワンピースには、レトロな古着の小物を合わせて。動くたびに揺れる裾が素敵。

52

50

50／インパクトのあるデザインのスカートは、スタイリストさんから譲り受けたフセインチャラヤンのもの。シンプルなトップスをイン。

51

51／濃色のシンプルコーディネートに、アンリアレイジのホワイトライダースを羽織ると、ぐんと私らしくなるような気がします。

53

55

55／ミニマムなデザインのオキラクのワンピースは、インパクトのある小物で味つけ。足元にボリュームを持たせるのもポイントです。

54

53／服と小物をモノトーンでまとめた、潔いコーディネート。同系色のアイテム同士は、素材感の違いを活かすことがポイントです。

54／1枚で着てもサマになるコズミックワンダーのワンピース。同系色の小物を合わせることで、女性らしく、優しい雰囲気に。

Winter

重ね着が苦手な私ならではの
シンプルな冬の装い。
あたたか素材を、軽やかに着たくて。

56

56／モノトーンでまとめたデニムの着こなしは、ボリュームのあるストールでトップスにポイントを。ソックスで白をリピートして。

58

57／時計柄のニットは、おばちゃんショップで購入！ お母さんのスカートと合わせ、メリッサのシューズで今の気分をプラス。

57

59

59／デザインが美しい、ミヤオのコートから赤いニットを挿し色としてのぞかせて。ミヤオは私が大好きなブランドのひとつです。

58／ボーダーシャツにデニム、スニーカーの定番スタイルに、古着のファーコート。思わず撫でたくなるモフモフ感がお気に入り。

60／ブラウンとホワイトの2色使いが印象的なコーディネート。コンパクトなトップスとボリュームのあるボトムでバランスを。

60

61 ↘

62 ↙

61／フェミニンなミニスカートに、メンズライクなミリタリーコートやサイドゴアブーツを合わせて、テイストミックススタイルに昇華。

62／パリの古着屋さんで購入したコートをはじめ、古着でまとめた着こなし。鮮やかなブルーとブラック、コントラストを効かせています。

← 63

63／スキニーにニットを合わせた、ミニマムなシルエット。アシンメトリーなアンリアレイジのトートバッグで個性を添えました。

64

65

64／ニットのインナーには古着の長袖サーマルTシャツを。ニットキャップと白スニーカーをプラスすれば、あたたかなしろくまスタイル!

65／新鮮な冬のオールホワイトスタイル。トートバッグは、鳥取のギャラリーで購入した、オオタサトシさんの作品がプリントされたもの。

68

67

66

71

70

69

66／無印良品のボーダーシャツにデニムの定番スタイル。ブラウンの小物を効かせることで、見た目にもぐんとあたたかさがアップします。　**67**／メンズライクな濃色のジャケットスタイルは、遊び心のあるケイスケカンダのスウェットとスニーカーでハズしの要素をプラスして。　**68**／コクーンシルエットできれいめな印象のエンフォルドのコートは、古着のクラッチとシューズで、自分らしいトッピングを。　**69**／あまり脚を出さないので、ミニキュロットの着こなしはちょっと緊張。ナイキのスニーカーでスポーティにまとめます。　**70**／ボーダー、デニム、トレンチコート。定番のアイテムは、デザインとシルエットで勝負。ミニマムなファーキャップで個性を出して。　**71**／フレア感が魅力のロングワンピースにコートをオン。ホワイトの小物使いで軽やかさをプラスするのがバランスよくまとめる秘訣です。

72／濃色ロングのアイテムは、ギャレゴ デスポートのストールでトップスにボリュームを持たせて。ワンピースの切り替えもポイント。

73

73／ブラックのコーディネートを盛り上げるのは、レインコートのような古着のコートと、サンダルからちらりとのぞくソックス。

74

75

75／大人っぽいニュアンスのある古着のワンピースにミヤオのコートをさらりと。古着のバッグとキャップで、レディライクにまとめて。

76／ネイビー同士のコーディネートを、小物のブラックで引き締めた、シンプルコーディネート。レースアップシューズが旬顔。

76

74／フレアな袖が個性的な古着のニットと、ワイズのパンツ、ジャックパーセル。ブラックの着こなしに、バッグの鮮やかさが映えます。

77／ハイウエストのデニムと、古着のミニバッグでどこか70sな雰囲気。インナーとシューズのホワイトで爽やかな抜け感を出して。

78／ホワイト同士の着こなしに、ネイビーのコートとスニーカーを合わせて。潔い2トーンコーディネートに、遊び心を効かせています。

78

77

79／ジャージ×ベルベットの個性的なワンピースを主役に。定番のスポーティ小物で軽やかさを出すことが、さりげなさのポイント。

79

80

80／フリマで購入した総レースのワンピースに、ミヤオのコートをオン。古着の小物を合わせたコーディネートは、素材感の違いがキー。

81／しっとりしたコットン素材のワンピースはアッサンブラージュ アダム エ ロペ。ハイテクスニーカーでハズすのが私ならでは。

Spring

軽やかな素材感と、春色を効かせて。
心浮き立つ春の装いは、
抜け感や遊び心も添えたくなるものです。

83／ボーダーシャツ＋スウェットパンツのカジュアルな着こなしは、メゾン マルタン マルジェラのシャツジャケットでほんのりきれいめ要素を。

82／ワイズのワンピースをカジュアルダウン。かなり大きめサイズのコットンジャケットをざっくりと羽織って、ソックスで白をリピート。

85／フレアシルエットのホワイトの上下を、ネイビーの古着Tシャツが引き締めます。古着のサッカニーのポップな色使いもポイント。

84／ギャザーがたくさん寄せられたビッグシャツとワイドデニムで、ボリュームのあるスタイリングに。白スニーカーで軽やかにまとめて。

86

86／オメカシのロンパースは、黒いTシャツとムーンスターのスニーカーでシンプルに。リラックス感ただよう、モノトーンの着こなし。

88／大のお気に入りのワンピースは、裾と袖のスカラップにパイピング入り。古着のバッグとテバのサンダルもブラックで統一。

87

87／アンリアレイジのパンツとパンプスのデザインが効いたモードなコーディネートは、カジュアルなシャツパーカを羽織って爽やかに。

88

90

89

90／メンズサイズのジャケットとワイドなデニム、ホワイトのセットアップ風コーディネート。挿し色のベージュで優しい雰囲気に。

91／ホームスパンのTシャツに、バルーンスカート。シンプルなモノトーンコーディネートは、アイテムのデザインやシルエットが活きます。

89／ニット素材のガウチョパンツも、ミニマムな着こなしに。トップスはコンパクトにまとめ、足元は軽やかなナイキのスニーカーで。

91

92

92／ひざ下スカートに古着のブラウスを合わせレトロなバランスに。ジャンティークで購入したカラフルなスカーフを頭にくるりと巻いて。

94

94／レトロなデザインのワンピースはZARA。タイトなシルエットは、古着のバッグとメリッサのシューズでフェミニンにまとめて。

93

93／ワイズの細身パンツに、原宿のメリッカで購入した古着のボーダーシャツ。2トーンコーディネートは、抜け感がキーポイント。

95

97

96

100

99

98

95／グレーのグラデーションの着こなしは、素材感の違いでもリズムが生まれます。ネイビーのサッカニーがぴりりと引き締め役に。　**96**／ミントグリーンのVネックニットと、ハイウエストのホワイトデニム。色味で春を取り入れて。足元も春色のポンプフューリー。　**97**／原宿の古着屋さんSLOWでゲットしたワンピースは長い付き合い。コンフォートサンダルでカジュアルに。　**98**／白シャツ＋白デニム＋白サンダル。きれいめな印象のホワイトコーディネートは、丸めがねと赤いクラッチで自分らしさをプラス。　**99**／お母さんとおそろいで購入したプリントワンピースは、ゴールドのバレエシューズでエスニック&リラックスした雰囲気にまとめて。　**100**／古着のサロペットに、ヘインズのビッグTシャツと長袖サーマルTシャツをレイヤード。サロペットの裾から赤ソックスをちらりと見せて。

集めているコモノ

コーディネートに欠かせないコモノたち。
受け継いだものから、自分で作ったものまで、
どれもかわいくっていとおしい。

このレトロな感じ、最近の一番のお気に入り。京都の眼鏡研究社のもので、顔の形に合うよう調整して作ってもらいました。

めがね

Glasses

個性いろいろなめがねたち。
かけるだけで雰囲気が変わるから手放せないアイテムです。
フレームが細めのものが好き。

ゴールドのまあるいフレームがおばあちゃんっぽくて好き。個性的だけど顔なじみがいいので、意外と使いやすいんです。

存在感のある黒ブチは特に細めのフレームがいい。これは形が気に入ってるんだけど、なぜかすぐ割ってしまい（笑）、これは3代目。

のび太くんみたいなおじさんめがね。こんなに大きくて極細のフレームは珍しいなって。テンプルの飾りも密かなお気に入りポイント。

ゆらゆら揺れる花かごモチーフは蚤の市で発見。涼しげな雰囲気が夏のコーディネートにぴったり。

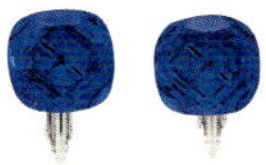

SUPER A MARKETで、好きなパーツを選んで作りました。ブルーが大好きなのでかなりヘビロテしています。

ビーズのバラモチーフは神戸の古着屋さんでゲットしたもの。同じブラックの服に合わせることが多いです。

ずっと前に蚤の市で購入したもの。金具まで黒ってところがいい。ほんのり目が光っているのもポイントです。

イヤリング
Earrings

古着屋さんで買ったり、お母さんからもらったり。昔のイヤリングには今のものにはない魅力がいっぱい。深みのある色や、少し色褪せた金具の雰囲気もたまらない。

お母さんからもらったもの。グリンピースと呼んでいます。残念ながらひとつ失くしてしまったので、片耳にだけ。

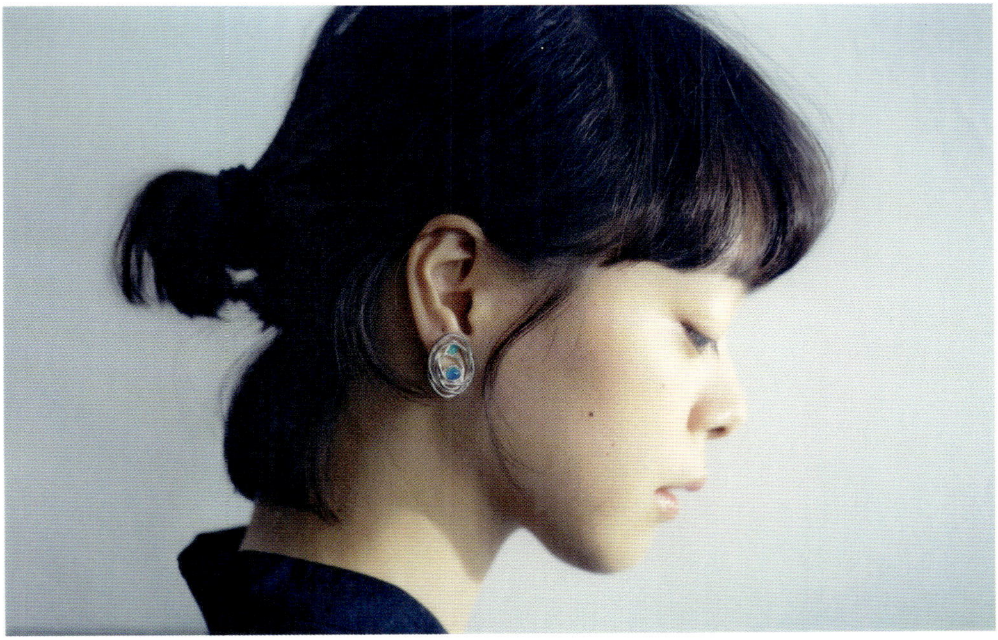

パーティ用の服に合わせるために購入。古着屋のSLOWで見つけました。大ぶりで上品な存在感が好き。

くま好きにとってはたまらない、ぴかぴか&ぷくぷくのゴールドのくま。実はこれもお母さんのものでした。

qwertyというブランドの一点もの。見る角度で色が変わります。かなりお気に入りでネックレスも持ってる。

これもお母さんから。南国チックな雰囲気なので、プリントワンピースなど、夏っぽい服に合わせています。

木のトライアングルはお母さんからのお下がり。夏はターバンをよくするので、アップヘアのアクセントとして。

上京した後、お母さんから受け継いだ真っ白な丸イヤリング。大事に使わなきゃって思った思い出の一点。

涼しげな見た目だから、夏によくつけます。このイガイガ感と、少しポヨンとしたビーズの質感がお気に入り。

これもSUPER A MARKETのパーツもの。もともとはボタンだったみたい。モードな服装のときに使います。

浴衣に合わせる用に買いました。コットンパールのようだけど、和紙でできているから和装にもよく似合う。

お母さんがアクセサリー好きで、だいぶお下がりとしてもらってる。レトロさが素敵な赤とゴールドのバラ。

縁起もののカメは、おばあちゃんのもの。モチーフはインパクトがあるけど、小さいのでつけやすいです。

田舎に帰ってしまった親友が誕生日に手紙と一緒にくれたもの。思わず涙してしまった思い入れいっぱいの一点。

大好きなしろくまの陶器のブローチは、友達とおそろいで購入。白いワンピースにつけています。

旅先の風景など、自分で撮った写真をブローチに。いろいろ種類を作って、友達にもプレゼントしました。

私のしろくま好きを知る友達からの台湾土産。同じトートバッグも持っています。

ブローチ
Broach

少しきれいめなコーディネートにしたいときにぴったり。つけるだけで、カジュアルな洋服もいつもより背伸びした感じになります。

おばあちゃんからもらった、べっ甲細工のバラ。なかなかの高級品だそうで、気やすくはつけられません。

今っぽく見えるけどこれもお母さんのコレクション。けっこう派手なので、パーティのときなどにつけます。

SLOWで見つけた洋なしブローチは色がお気に入り。フルーツなのにブルーっていうのが珍しいでしょう?

ミントデザインズとアンリアレイジのコラボもの。中にドライフラワーが入っていて、心がくすぐられました!

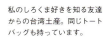

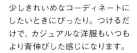

SECOND SKINで作った水彩画シリーズのiPhoneケースとスマホカバー。水彩画は絵を描くというよりは、そのときのインスピレーションで絵の具を飛ばしてみたり、四角い筆を使って線を引いてみたり。

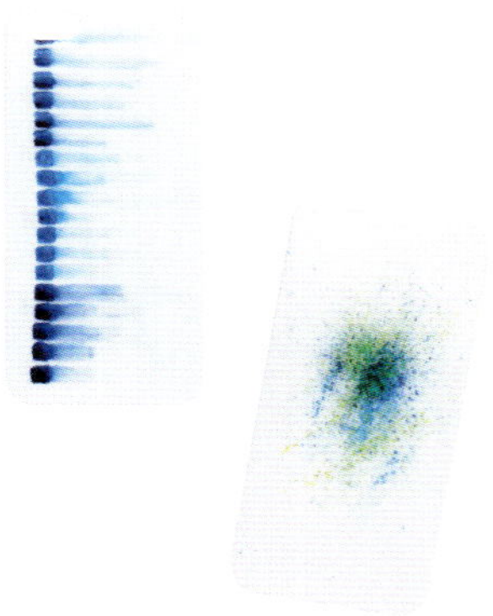

デザインしたもの
Self-designed Goods

最近はいろいろ作る機会が多くって。ここ1年ハマっているのは水彩画と、アクセサリー作り。プライベートでも楽しんでます。

個人的にUVレジンのアクセ作りにハマっています。固まる瞬間が楽しくってたまらない。お姉ちゃんや友達にもプレゼントしました。

しろくまウォッチはおかげさまで2日で完売。文字盤や竜頭など細かいところにしろくまがたくさん隠れています。白と黒。

これも水彩画シリーズ。右は日の丸をイメージした「四角い日本」、左は黒ドットの中に紺がひとつ交じった「斑」のTシャツ。

しろくま大集合！

強く寂しそうな目、
クリーム色もモフモフ感もいとおしい。
はじめてしろくまグッズを買ったのは高校生のとき。
大人になるにつれ、あれよあれよという間に
ここまで増えました。

ぬいぐるみは大きいものから
手のひらサイズまでもう50体
くらい。全員に名前をつけて
ます。みんなで念願の集合写真!

カトラリー類もたくさん。お皿はマリメッコ。箸置きは2つ。上の陶器のものは和食に合います。下のはフォルムがたまらない。木のスプーンは友達からのプレゼント。

↑ゴム製しろくまくん

→泣ける、しろくま物語

←ハグしたい、しろくま本

↑ポストカードブック

↑陶器のしろくま

↓ちびスノードーム1

↓ちびスノードーム2

スノードームやフィギュアも気づけばたくさんそろってた。置きもの関係は玄関にまとめて飾っています。ドアを開けるとたくさんのしろくまがお出迎え。

↓ポストカードいろいろ

↑大きな壁かけツインズ

↑子グマ in スノードーム

↓走ります、チョロQ

長年しろくま好きを公言しているうちに、自分で買う以外にもあちこちから集まってくるようになりました。友達も私にはしろくまをあげれば大丈夫って思ってるし、実際もらうとかなりうれしい(笑)。

↓歩くしろくまくん

→シールは何枚もストック

hair style

美容のこと①

ヘアスタイルの今昔

いろいろ冒険して、ときには失敗して、だからこそ、
自分らしくいられる髪型に出合えたのかもしれない。
懐かしくて、ちょっぴり恥ずかしい、
昔の自分を見ると、そう思えてくるんです。

2014

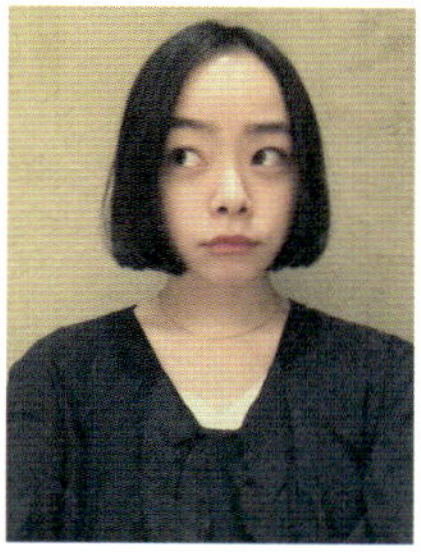

ワイドな前髪のボブが定着しはじめたころ、大人っぽくなりたくて、前髪を伸ばしてみました。前髪がないのは、新鮮。

2010

当時、暮らしていた家の前の歩道橋にて。今と同じくらいのボブスタイルだけど、けっこうメイクをばっちりしていたので、何となく雰囲気が違いますね。

2009

派手なカラーに飽きて、黒髪にチェンジ。黒髪にしたほうが肌の色が白く見える気がします。自分に合っているかもと思い、ずっと黒髪です。

2009

しばらく続いた派手な髪色時代。エクステをつけたこともあったり。こんなに明るい赤色は、もうできないかもしれません。

2009

地元のカフェで働いていたころ。カラーリングがマイブームのときで、いろいろ派手な色に挑戦していました。このときは赤茶色で、髪も結べるくらい長かった。

2013

ちょっと長めのボブ。前髪はワイドにするつもりはないけれど、おでこが広いので、自然とワイドに（笑）。でも気に入っています。

2010

上京すると決めたころ。関西で最後のサロンモデルをしたとき、海外のモデルを真似て思い切ってショートに。ほんのりモードなカットライン、今では懐かしい。

today

自然体でいられるボブが今の気分

伸ばしていた前髪をカットして、再びワイドな前髪のボブスタイルに。ソバージュにしてみたり、いろいろな髪型に挑戦してみたけれど、やっぱりこれが落ち着きます。カットをお願いしているのは「Dot＋LIM」の原 康博さん。カラーはもう5年くらいしていません。スタイリング剤もつけず、飾らない自然なままのボブが自分らしくて好きです。

ヘアアレンジ

まとめ髪にするときは、イヤリングを合わせてみたり。
お気に入りのスカーフをターバン風に使ってみたり。
難しいアレンジはできないけれど、いろいろ楽しんでいます。

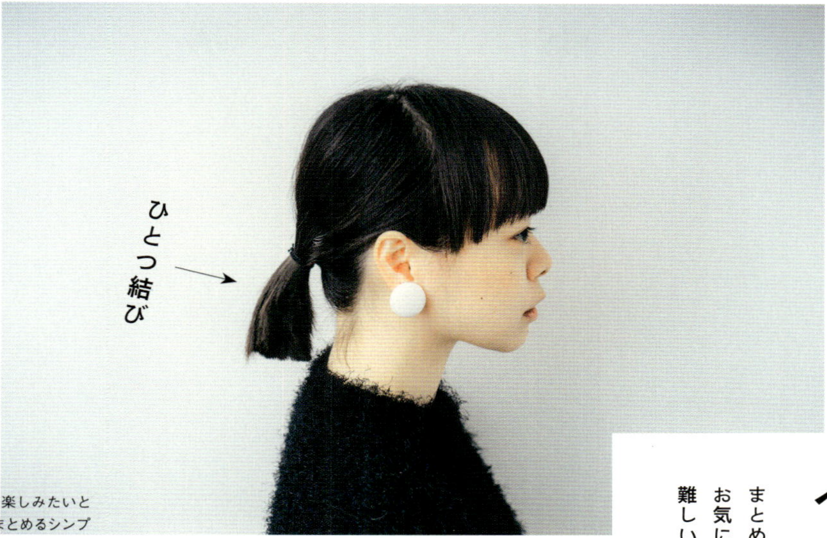

耳元のおしゃれを楽しみたいときは、低い位置でまとめるシンプルなひとつ結びに。上京するとき、母からもらった白のイヤリングをプラスして、おめかし気分。

髪をざっくり2つに分けて、それぞれ無造作な“ちょんまげ風”に結びます。前髪は薄めに残して、ミストでほんの少しウェット感を出すと、いつもと違う雰囲気に。

近ごろハマっているのが、ターバン風に大きめのストールをぐるぐる巻きにするアレンジ。薄手のやわらかな素材のストールが巻きやすくておすすめです。

お気に入りのショップ「ジャンティーク」で買ったスカーフをターバン風に。前髪は隠さずに残して、センターで交差しながら巻いていき、結び目を隠せば完成。

美容のこと②

hair arrange

髪をひとつに結んで、太めのヘアバンドをつけるだけ。短い髪をまとめたいときに便利だし、暑い夏は、汗をとめてくれたりも(笑)。

メイク

普段のメイクとおめかしメイク。共通するのは、
どこかひとつのパーツを主役にしたら、ほかの部分は控えめにすること。
そんな、ナチュラルなメリハリメイクがKanoco流。

◎普段のメイク

いつものメイクで欠かせないのは赤リップ。赤く塗った瞬間から、不思議と気持ちがしゃんとします。ファンデーションは塗らずに、素肌感を残すのが私の定番。

1

クマや小鼻のくすみ部分にスティックタイプのコンシーラーを塗ってカバー。このひと手間で、顔色が明るくなります。

2

顔全体にパウダーをのせていき、ほんのり透明感を与えます。テカりを抑えるように、優しくはたく程度にのせていきます。

3

赤のリップを唇全体に直塗りします。指でぽんぽん軽く叩きながら、なじませるのがナチュラル感を出すポイント。

-------- (items) --------

（左から）コンシーラー スティックタイプ ナチュラル ¥510、ルースパウダー ナチュラル・大 ¥1,250／ともに無印良品（無印良品 池袋西武）、オーデイシャスリップスティック 9476 ¥3,600／NARS（NARS JAPAN）

make up

美容のこと③

1

眉はナチュラルに描けるパウダーを使い、やや太眉に仕上げます。眉を描くことで、ちょっぴりキリリとした印象に。

2

ネイビーのアイカラーを二重の幅よりも狭めに入れていきます。目尻はハネ上げずに、やや横広にして大人っぽく。

3

肌になじむベージュ系のリップを唇全体に塗ります。リップの色を抑えることで、目元のカラーが引き立つメイクに。

-------- (items) --------

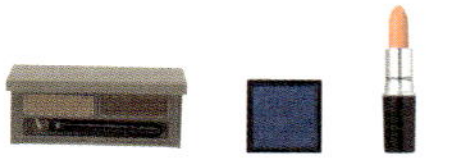

（左から）プレスド アイブラウ デュオ 03 ¥3,500／THREE、ザ アイシャドウ 096 ブルームーン（8月7日発売）¥2,000／アディクション（アディクション ビューティ）、リップスティック フレックルトーン ¥2,900／M・A・C（メイクアップ アート コスメティックス）

◎おめかしメイク

普段アイメイクをしない分、目元にほんのりカラーを入れると特別な気持ちになります。目元が主役の日は、いつもの赤リップをやめて、自然なベージュに。

美容のこと④

nail

爪のおしゃれ

昔は、ネイルって1色だけで塗るものって思っていたけれど、そうじゃないんだと知った。シンプルで簡単なアートを楽しんでいつも爪をおしゃれにしていると、なぜか気持ちも、ハッピーになれます。

セルフネイルは私の日常

とある撮影で、芸術的なネイルにしてもらって以来、すっかり虜になりました。といっても、そんなにたくさんの色を持っているわけではなく、よく使うのは5色くらい。限られた色でいろいろなアートを試しているうちに、みんなも真似してくれるようになって、どんどん楽しくなっていきました。

ベースコートを塗ってから、お気に入りのネイビーで爪の先に四角を描いてでき上がり。

セルフネイル全部見せ

かの子模様の着物に合わせた鮮やかな赤ネイル。線香花火の先っぽをイメージしたフレンチネイルの変形版。

GRANJEというブランドの自分で簡単にジェルネイルができる道具を発見。ツヤツヤでぷっくりしたネイルに。

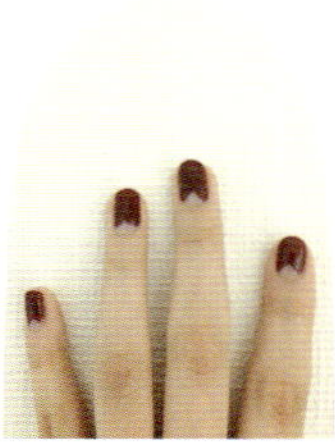

着物に合うネイルをしたくて、大人っぽい赤に。爪全体に塗らず、根元は三角に残してヌケ感を出しています。

白い椿をイメージして描きました。その昔、芸名にしたいと思っていたくらい、椿の花が好きなんです。

ラメのネイルを使ってみたくて。全体に塗ると派手な気がしたので、濃いブルーと合わせてポイントに少しだけ。

大好きなしろくまを描いてみました。白を爪全体に塗ってから、細筆を使ってしろくまアートを1本の指先に。

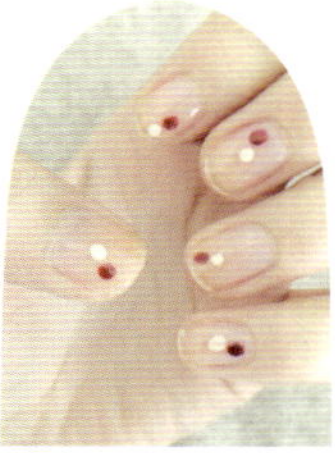

白のネイルが好きで、よく塗ります。白と赤のドットを合わせて、ランダムに。筆先を使うとうまく描けます。

この日はちょっとふざけて、しろくまの爪に挑戦。爪全体を白く塗ってから、細筆を使って黒の点を等間隔に。

ベースコートを塗ってから、爪の先に白のネイルで三角を描きました。四角をよく描いていて、飽きたので。

喜怒哀楽

よろこぶ

((happy))

それはもう花火だ。
感情が打ち上がるんだ、きらきら煌めきながら。
地に足なんかつかなくたっていい。
少女だったあの頃に戻って
ぐちゃぐちゃに笑ったっていい。
それが最高に最高なんだ。

おこる

((angry))

こんなナイフみたいな感情は
出来るだけ仕舞っておきたい。
それはきっと赤くて、熱くて、冷たいんだ。
トマトをグチャッと潰したような、
そんな感じだ。
怒るのは愛がある時だけにしようよ、ね。

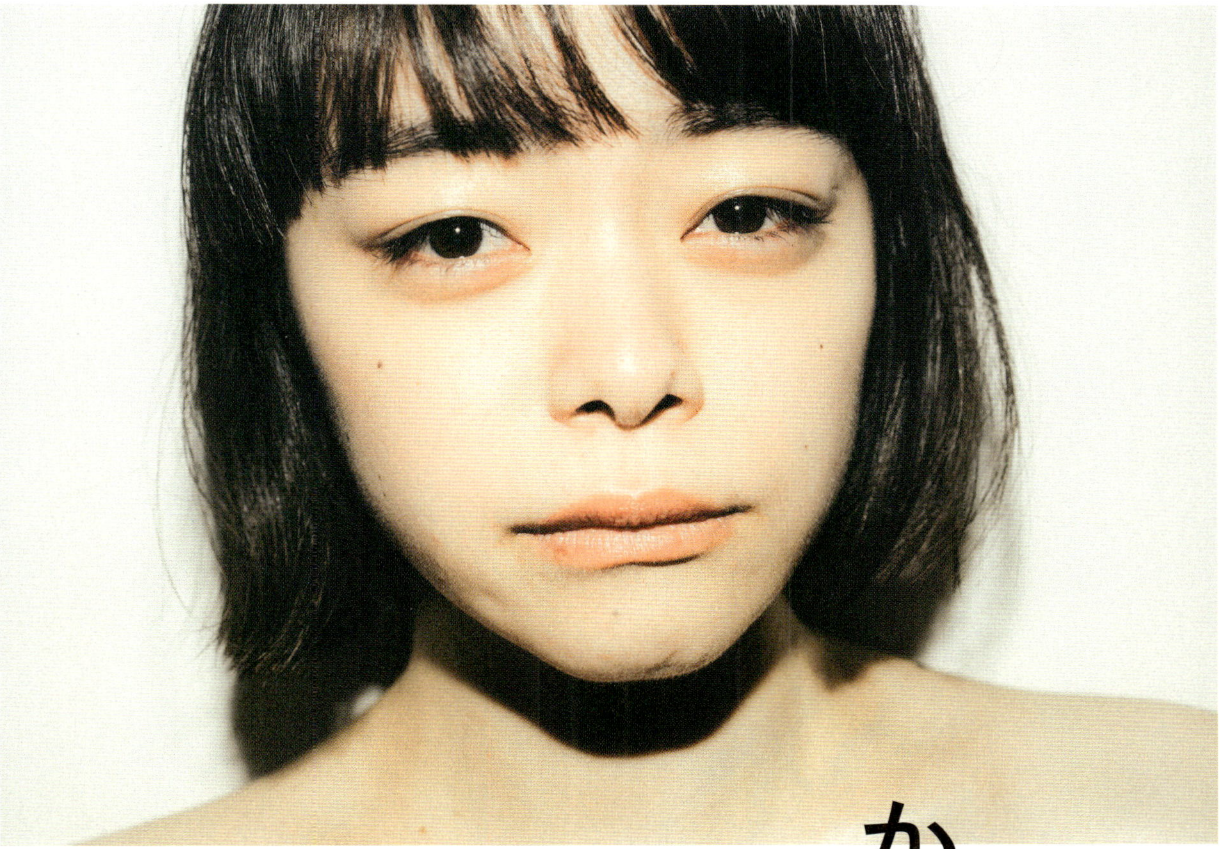

かなしむ

((sorrow))

哀しい、は降ってくる。
雨みたいに降ってくる。
傘をさしていても濡れてしまいそうだ。
心に大きな穴が開いたまま、
そこからすべてが流れ落ちていく。

月が、綺麗だ。

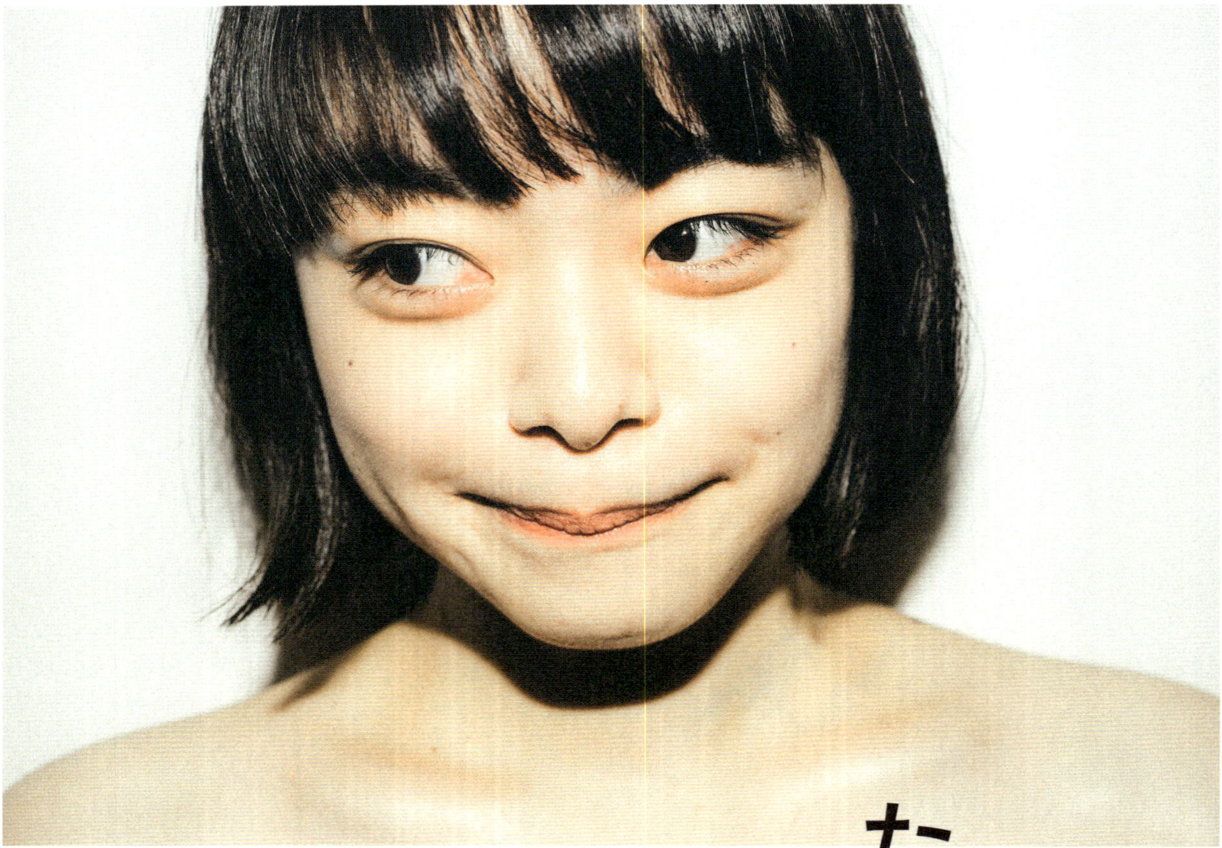

たのしむ

((enjoy))

まるでいたずらを企んでいる子供のようだ。
それは心の中で小躍りするような、そんな感覚。
となりにあの人がいたら、迷わず手を繋ごう。
迷わず手を繋いだら、一緒に笑い合おう。
一緒に笑い合ったら、その後、一緒に帰ろう。

この灰色の街で生きていく私をどうか遠くから見守っていてください。
変わることも変わらないことも、どちらも難しくてとても強いことなのです。

最近やっと景色が色付いてきたよ。

ときめき

あの一瞬、この一瞬。
移ろいゆく日々の中で煌めく瞬間はたくさんあるはず。
そんな心のときめきがシャッターを押させる。

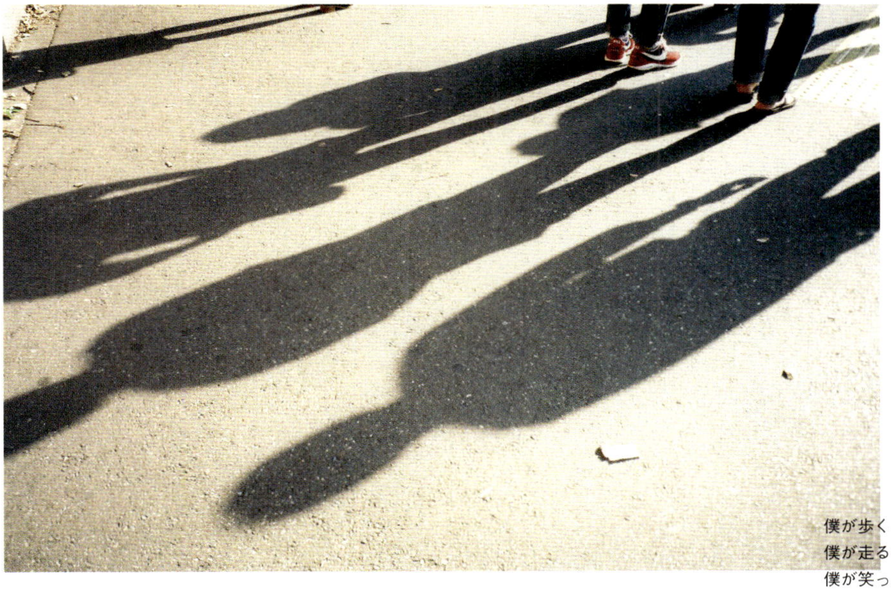

僕が歩くと君も歩く、
僕が走ると君も走る。
僕が笑ったら君も笑う、
君がいるから僕がいる。

それでもここに立っている。
だからここに立っている。

それなら私もここに立とう。

あっちとこっちの境界線。
近いようではるかに遠い、一生会うことの無いあなた。

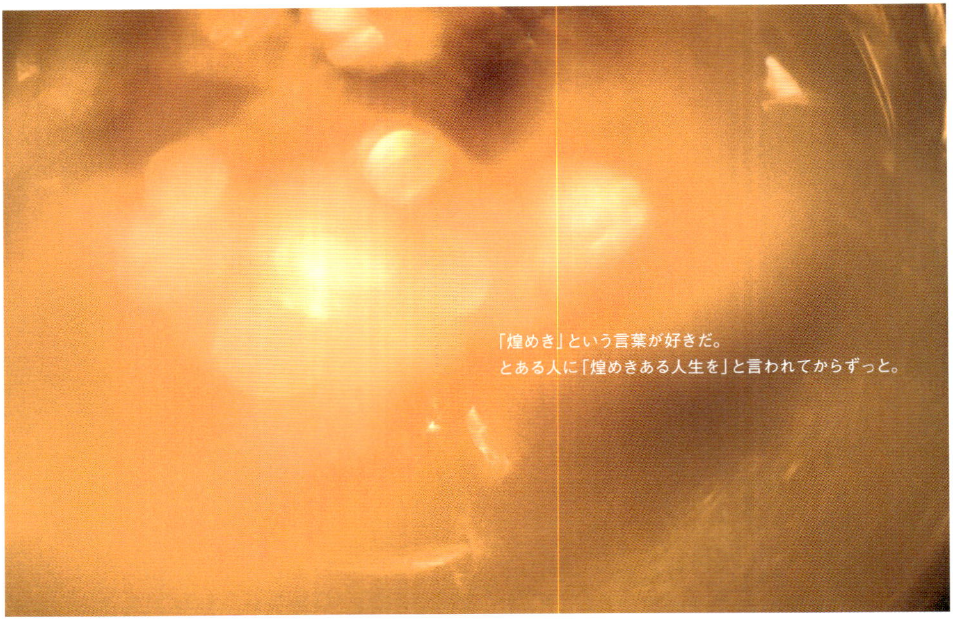

「煌めき」という言葉が好きだ。
とある人に「煌めきある人生を」と言われてからずっと。

美しい女性の後ろ姿みたいに、去った後の姿もたまらないんだ。

綺麗なだけでは生きていけない。
綺麗じゃないところも見てください。

なんにもない、
なんにもない、
なんにもない。

しかし「なんにもない」がある。

花は咲くから美しい。
花は散るから美しい。

色は匂へど、散りぬるを。

はじめてのはとバス体験

〈鎌倉・江ノ島編〉

上京してから撮影でたびたび訪れることはあったけれど、ゆっくり観光する時間はなかったという鎌倉・江ノ島。今日は初のはとバスに乗って、プライベート旅へ。しっとり雨の鎌倉を楽しみます。

行ってきますー

白ブラウス¥19,000、スカート¥22,000／ともにホームスパン、ネイビーシャツ¥18,000／プレット（スタイルデパートメント）、バッグ［H18×W22×D10cm］¥13,000／アニャムニャロビタ（ロビタズ）、メガネ、ネックレス／本人私物

1

◎東京駅

JR東京駅「丸の内南口」改札口を出て、正面にあるのがはとバス乗り場。はとだけに黄色尽くし。出発の8時50分より少し前に集合し、10分前にはライドオン。あいにくの雨もバス移動だから濡れずに楽ちんです。

9:30 am

2

◎バスの中

鎌倉に着くまでの道のりは、約1時間半程度。移動中のバスでは、窓から見える東京の風景を丁寧に解説してくれるガイドさんの声に耳を傾けつつ、おやつを食べたり、仮眠をしたり自由に過ごします。

◎建長寺

臨済宗建長寺派の大本山。北条時頼が、建長五年（1253）に宗から来日していた高僧・蘭渓道隆を招いて建立した、最初の本格的な禅寺。神奈川県鎌倉市山ノ内8　☎0467 - 22 - 0981　拝観時間：8:30～16:30　拝観料：大人300円　子供100円

10:20 am

3

建長寺での拝観時間は、約40分。お参りした後は、境内を散策。葉っぱにたまった雨水の固まり滴を落とさないように転がして遊んだり、柏槇《びゃくしん》の古木を眺めたりしているうちに、あっという間に時間が過ぎていました。

散策していると、フレッシュな修学旅行生たちの姿も。厳かで静かな建長寺を歩きます。「ここの雰囲気、すごく気に入りました！」。雨で深まった緑と赤いツツジのコントラストが美しいお寺でした。

4

◎鶴岡八幡宮

山道から約60段の階段を上りきると、社殿が見えてきます。お宮参りにくる家族や旅行者で平日にもかかわらず賑わう中、お参りをしたりしながら約50分の拝観です。

八幡さまの愛称で知られる初代将軍・源頼朝と鎌倉幕府ゆかりの神社。日本の三大八幡のひとつ。神奈川県鎌倉市雪ノ下2-1-31　☎0467-22-0315　境内：6:00〜20:30　宝物殿：8:30〜16:00　拝観料（宝物殿）：大人200円　中高生100円

11:10 am

◎鎌倉 御代川

お腹が減ったところでランチの時間。お座敷で天麩羅、お刺身、煮物などが入ったはとバスオリジナル弁当をいただきます！　50分で食べきれるかなという心配は無用…。ゆっくりお茶もできました。

12:10 pm

鶴岡八幡宮・大本山建長寺・大本山光明寺などの御用達、和食・懐石料亭「鎌倉　御代川」鎌倉店。神奈川県鎌倉市由比ガ浜2-22-5　☎0467-23-0911　営業時間：11:00〜21:00（20:30L.O.）定休日：なし（元旦を除く）

5

6

1:10 pm

◎長谷寺

境内にあじさいが咲き誇る、1年を通じて花の寺として親しまれる長谷寺で。満開とはいかないまでもあじさい畑はほぼ見頃が間近な様子。あじさいをバックに撮影会のはじまりはじまり。

鎌倉の西方極楽浄土と謳われる、浄土宗系統の単立寺院。本尊は、日本最大級の木彫り仏・十一面観音菩薩。神奈川県鎌倉市長谷3-11-2　☎0467-22-6300　拝観時間：8:00〜17:00（10〜2月：〜16:30）　拝観料：大人300円　小学生100円

◎鎌倉大仏殿高徳院

長谷寺から歩いて5分強のところにある高徳院へ移動し、11.3メートルあるという通称「長谷の大仏様」にご挨拶。金箔がほどこされていたという建立当時に思いを馳せていたら、江ノ島へ出発する時間5分前！

2:00 pm

7

法然上人を開祖とする浄土宗仏教寺院。本尊は鎌倉で唯一国宝指定を受ける銅造阿弥陀如来坐像。神奈川県鎌倉市長谷4-2-28　☎0467-22-0703　拝観時間：8:00〜17:30（10〜3月：〜17:00）　拝観料：大人200円　小人150円

口もきちんとお清め

鳩みくじ、吉出たよ！

渋いお土産屋さん発見！

絶好の撮影スポット発見

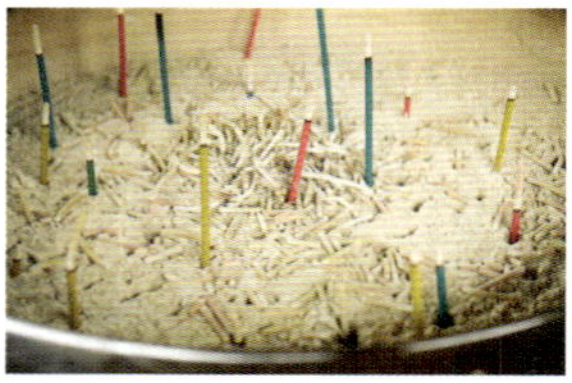
お線香の色がキュート

お久しぶりです

鶴岡八幡宮の使いである鳩のお守りが入った人気の「鳩みくじ」(初穂料：200円)。4時間の鎌倉滞在でも、はとバスならば、5か所も回れてしまうものなのか……と感嘆しながら、江ノ島へ向かう車内へと戻ります。

◎最後は、江ノ島で自由行動

3:00 pm

はじめての鎌倉
ゆるっと観光の感想は？

あいにくの雨でしたが、江ノ島に着いたころようやく天気が回復。待ってました！と、食べ歩きに勤しみます。とれたて生しらすに、名物丸焼きたこせんべい、そして最後はいか焼き&ビールでカンパイ！

「こんなに一日でいろんな場所に行けるとは思わなかった！それに行った場所での行動はすべて自由なのもいいですね。何もすることがないという時間がないくらい、ぎゅっと詰まってて、楽しかったです！」

大人で静かで、京都みたいな気高いイメージだったという鎌倉。季節を問わず楽しめそうな場所ばかりでしたが、中でも一番のお気に入りスポットだったのが、「建長寺」。

「地味だけれど、雨の雰囲気にすごくしっくりきたし、好きな空気でした。ツツジが雨の水たまりに映って地面がピンクになっていたのもきれいでした」

上京してからこれまで、あま

りゆっくりと関東観光をする時間がとれなかったので、今回のはとバスツアー参加は、プライベート旅としても大満足!!
「ただバスに乗っているだけで、アクティブに動けちゃう不思議な世界。いろいろ教えてくれるバスガイドさんもいて、修学旅行感もある（笑）。これは、女同士の旅向きですね。次はお母さんを連れてきたいな」

5:30 pm

◎東京駅着

9

帰路は2時間弱のドライブを経て、東京へ舞い戻り無事解散！今回参加したはとバスの詳細はこちら。
●鎌倉めぐりの定番コース：鎌倉・江ノ島（K）C105　大人8,980円　小人6,780円　※拝観料、昼食代込み　※毎日運行、除外日あり　※京浜急行バスと共同運行　☎03-3761-1100（予約センター　※8:00～20:00受付・年中無休）　http://www.hatobus.co.jp

Kanoco と KASUMI の のんべえ女子会

プライベートでもよくごはんに行くという
モデルのKASUMIさんとKanocoさん。そんなお二人が、
中央線の気になる居酒屋さんを浴衣姿で飲み歩き。
おいしいごはんとお酒で女子トークも盛り上がります。

焼とり よね田

衣装協力＝大塚呉服店

うま〜い

やきとり戎

てっちゃん

のんべえシスターズ
ハモニカ横丁に現る

おいしいお肉と
お酒があれば幸せ

楽しいおしゃべりが
あればなお幸せ

KanocoとKASUMIの酒場トーク

出会いはナンパ？ いつの間にやら飲み友達に

Kanoco & KASUMI：乾杯！

Kanoco：こんな時間から一緒に食べて飲めるなんてうれしいねー。

KASUMI：そうだね。何だかんだ1ヵ月ぶりくらい？

Kanoco：うん。カスミンが誘ってくれるからいつも実現してる。私自分から誘わないから。

KASUMI：私が一方的に誘ってるもんね（笑）。

Kanoco：誘ってくれる人少ないから、うれしくて行く。一緒に飲むようになったのは最近だよね。最初の出会いは、カスミンにナンパされたんだよね。

KASUMI：オーディションで一緒になって声かけたの。でも、カノコやんは冷たかったー。

Kanoco：私、本当に友達つくれない人だから（笑）。喋りかけるなオーラ出してたかも。

KASUMI：「私は一人でも平気！」みたいな感じだった（笑）。

Kanoco：当時の私、たぶん怖かったよね。野心の塊だったから。今もだけど（笑）。

KASUMI：うん、ちょっと怖かった〜（笑）。

Kanoco：何せ人見知りで、東京の人が怖いと思ってたから、バリア張ってたよね。それが最近やっと取れたの。

KASUMI：そういえば、私、カノコやんのブログを遡って全部読んじゃったよ。

Kanoco：やめてよ。

KASUMI：感情だだ漏れで超面白かった！ しかも、ギャルだったんだね。

Kanoco：（笑）葛藤してたからね。友達も彼氏も仕事も、すべて神戸にあったし。

KASUMI：その彼とはそのときにバイバイしたの？

Kanoco：うん。上京して仕事がくるようになって、今があるんだなっていうのがそのまま書いてあるから、遡ったほうが面白いと思う。

結婚っていいですか？ これからの私たち

Kanoco：飲みの席で恋愛の話

shop info

焼とり よね田

名物は、30分以上かけて焼き上げる、ボリューム満点のハンバーグのような巨大「つくね」（210円※たまごのせ＋100円）。その他の焼き鳥（1本ˉ30円〜）メニューも全て大山地鶏を使用。東京都杉並区西荻南3-11-10　☎03-3334-2094　営16:00〜23:30　無休

はよくするよね。
KASUMI：包み隠さず、赤裸々に。
Kanoco：カスミン、結婚生活はどう？
KASUMI：結婚、おすすめいたします。楽しいよ。でもダメな人とはしないほうがいい。素敵な人としてください。
Kanoco：でもよく結婚決めたね。半年くらいしか付き合ってなかったじゃん。
KASUMI：これまで男運がなかったから、今の旦那さんに出会ったときに神様のように思えたんだよね。カノコやんは男の人のどこを好きになる？
Kanoco：直感かな。幸せにしたいと思える人。でも、この人は絶対に自分のことを守ってくれると思えないと好きになりたくないかも。大きくいてほしい。
KASUMI：私はモテたことないから、好きと言われたら好きになっちゃう。でも、やっぱり、自身のことだけを一番に考える人はダメだなってわかったよ。
Kanoco：うだうだせずにすぐに結婚してよかったね。
KASUMI：そうかも。私と結婚してなかったら、ずっと結婚しなかったかもって言われた。
Kanoco：彼のタイミングだったんだ。私、以前はタイミングなんて関係ないと思ってたけどあるんだね。
KASUMI：カノコやんは、結婚しても仕事は続けていきたいって思ってる？
Kanoco：うん。でも、結婚以前に、将来のことは常に悩むよね。明日は何をしてるかわかんないような仕事だし。
KASUMI：暇だと不安になるもんね。
Kanoco：でも、不安がなくなったら終わりだよね。まだまだ人生の途中。ただ、これからもずっと撮られ続けていたいな。
KASUMI：私も！　じゃあ、最後に今日の感想をラップ調で締めさせていただきましょう……。YOYO！　今日はどの店もとてもおいしくて。
Kanoco：肉、肉、肉！
KASUMI：ごちそうさま！　ごちそうさま！　何とかサマー（笑）！
Kanoco：暑い、サマー！

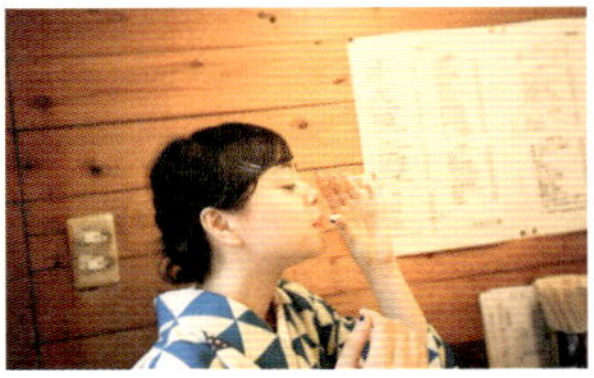

shop info

やきとり戎　西荻南口店

創業から41年の老舗焼き鳥屋。焼きとん・焼き鳥は1本95円〜。名物はイワシを丸ごとポテトで包んで揚げた名物イワシコロッケ（490円）。東京都杉並区西荻南3-11-5　☎03-3332-2955　営13:00〜24:00（L.O.23:00　※日・祝は〜21:30）　無休

shop info

てっちゃん

隈研吾建築都市設計事務所が内装を手がけたハモニカ横丁の人気焼き鳥店。焼き鳥は1本110円〜。名物は、煮込み（420円）。東京都武蔵野市吉祥寺本町1-1-2 ハモニカ横丁　☎0422-20-5950　営15:00〜24:00（※土・日は12:00〜）　無休

習い事はじめました

着付け、料理、陶芸……。
興味のあるもの、好きなものを
その道のプロに習ってきました。
自分の好奇心と向き合って
〝やってみたい！〟を実現したら、
そこには新しい私が待っていました。

Part 1.
アンティーク着物の着付け

特別な日だけでなく、
普段、何をするでもない日にさりげなく。
そんな風に着物を着られる日を目指して、
アンティーク着物の着付けに挑戦。

教えてくれた人

着縁
小田嶋 舞さん

アンティーク着物や小物を扱う下北沢・着縁のオーナー。個人の着付けレッスンは、予約すればいつでも受けられる。普段着のアンティーク着物一式レンタルは28,800円〜。

1.

長襦袢を着て、着物の着こなしに影響する衿合わせを。年齢や顔、髪型、首の長さによって、衿の合わせと衣紋の抜き加減を調整します。着崩れしないためのポイントです。

2.

背縫い部分を持って着物を肩にかけ、長襦袢の袖を持ちながら着物に手を通します。掛け衿の下の線を合わせて、背縫い部分がまっすぐになるように調整します。

3.

着物が長襦袢より上になるように、クリップで長襦袢の衿と着物の後ろ衿の部分を留めておきます。背中心のずれ防止にも。

How to wear a kimono

アンティーク着物をお借りして
私に合った着付けを教えてもらいました。
簡単に手順をご紹介します。

4.

両手で衿の端を持って、着丈を決めます。それから前巾を決めます。お座敷で食事などの予定がある場合は、深めにとっておくと、はだけにくいので安心です。

5.

着物の端が太ももの前側を覆うように手で押さえてから巻きます。着物がずれないよう、しっかり押さえておくのがポイント。最後は、つま（先っぽ）を少し上げるようにすると粋。

6.

左手でウエストのサイドを押さえながら、右手で腰紐をとり、左手に渡して巻いていきます。後ろで交差させて、フロントで結び、着物をしっかりと固定します。

next

7.

着物の衿の下と、脇の穴から、それぞれ内側に両手を入れて、フロント部分がもたつかないように、ウエストの線がまっすぐになるように、おはしょりをきれいに整えていきます。

8.

広衿は耳の下半分、胸元3分の1幅に折って、耳の下の位置からすーっと胸の位置まで衿を押さえて整えます。長襦袢の衿の出し具合も、このときに決めます。

9.

次に、衿にかかるように胸紐で押さえて、くるりと巻いていきます。ゆるまないようにしっかりと巻いて、胸元をきっちり合わせます。

10.

胸紐の上におはしょりを整えてから伊達締めを締めます。伊達締めをすることで着崩れを防いでくれる効果もあります。

11.

伊達締めは腰にしっかりと巻きつけて、フロントで一度結びます。先端は交差させて、伊達締めの中に埋め込みます。

12.

帯を巻きます。帯の一部を手でしっかりと押さえながら、帯はそのままに、自分が動く形でくるりと巻いていくのがコツです。

13.

フロントで帯を結びます。さまざまな結び方がありますが、普段使いにぴったりの、さりげない"貝の口"という結び方を教えてもらいました。

結び終わった帯を、くるりと後ろに回転させて、結び目が後ろにくるように移動させます。着姿が決まる、緊張と期待のひとときです。

14.

15.

結び目が後ろにきたら、きれいに整えます。結び目は、立てて立体的に形作ると“粋”、つぶして平面的にすると“はんなり”になるそう。

16.

着物や帯の色、デザインに合わせた帯締めや帯揚げをセレクトするのは、センスが活かせる楽しい時間。着付けの総仕上げをしていきます。

17.

渋めの柄のアンティーク着物にさりげない帯の結び。私好みの普段着付けの完成！　重なった帯の端をずらして交差させると、帯巾が広がって見える効果があり、背の高い人にはおすすめなのだそう。

帯の結び方が私好み。初心者の私には少し難しかったけれど、家で何度もおさらいをして、慣れていきたいと思います。きちんと自分で着られるようになって、普段のお出かけにアンティーク着物を着ていくことが目標です！

shop info

着縁

東京都世田谷区北沢2-12-2ミナナミコーポ202
☎03-3418-6651　営13:00～20:00
火、水曜、11日、29日定休

Part 2.
おふくろの味

最近、器を集めはじめたのをきっかけに
料理に興味が湧いて、ちゃんと自炊するように。
お手本にしているのは、お料理上手のお母さん。
今回は、「実家の味といえばこれ!」という
思い出の定番のメニューをお母さんに教わりました。

Kanoco、Kanocoママ／シャツ各￥17,000／プレット（スタイルデパートメント）、エプロン各￥4,900／フォグリネンワーク

お母さん直伝の〝わが家の味〟を教えます！

料理が好きになったのはお母さんのおかげです

おそろいのエプロンをつけて並ぶと、まるで姉妹のよう？　顔も髪型もそっくりなお母さんはお料理上手で、一時は家族7人分の食事を毎日作っていました。そんなお母さんにこの日教わったのは、枝豆ごはんや鶏じゃがといった素朴であたたかいメニュー。「わが家の味といえばこれ」というおふくろの味です。

「私は18歳で一人暮らしをはじめたのですが、お母さんを近くで見て育ったおかげで自炊に困ったことはないんです。お母さんに感謝です」

兵庫の実家に帰省したときは、一緒にキッチンに立って料理をするのが恒例。「やっぱり、実家のごはんが一番落ち着きます！」

教えてくれた人

Kanocoママ

兵庫県出身。家族のごはんを作りながら、中高生に英語を教える仕事をしている働き者のママ。お酒を飲むのも大好きで、お酒のつまみを作るのも得意。

Recipe 1

カレー粉で混ぜたゆで卵

● 材料（4人分）

卵　4個
マヨネーズ　大さじ1
カレー粉　小さじ1/2
パセリ（みじん切り）　少々

● 作り方

1. 固ゆで卵を作り、殻をむいて縦半分に切る。
2. 黄身を取り出してボウルに入れ、つぶしながらマヨネーズ、カレー粉であえる。
3. 2を白身の穴に入れてパセリをふる。

Point
カレーの風味がゆで卵によく合う。
お弁当のおかずにもぴったり。

How to Cook

A. 卵は沸騰してから10～12分ゆでて固ゆで卵に。半分にカットしたときにきれいに黄身が真ん中にくるように、菜箸で転がしながらゆでます。　**B.** ゆで上がった卵を半分にカット。「大丈夫？　きれいに切れる？」「これくらいはできるよ～」　**C.** マヨネーズとカレー粉であえた黄身を白身の穴に詰めていきます。刻んだパセリをふって彩りもきれいに。「カレーの香りが食欲をそそるんだよね！　塩味はつけずに、マヨネーズの味つけだけで食べるのが薄味好きのわが家流」

Recipe 2

いかくんサラダ

● 材料（4人分）

いかのくんせい　約50g
セロリ（茎の部分）　1本
オリーブオイル　大さじ3
黒こしょう　少々

● 作り方

1. セロリの茎は皮むき器で皮をむき、5cm長さに切ってから縦に薄切りにして水にさらす。いかのくんせいは食べやすい大きさに裂く。
2. ボウルに**1**を入れ、オリーブオイルであえる。仕上げに黒こしょうをふる。
3. 冷蔵庫で冷やす。

Point
冷蔵庫で30分以上冷やしてしっかり味を染み込ませるとおいしい。

How to Cook

A. セロリといかくんという意外な組み合わせのサラダは、実はおばあちゃんから伝えられたレシピ。いかくんはスーパーやコンビニで売っている市販のものなら何でもOKです。　**B.** あえる前のいかくんをちょっぴりつまみ食い。「おいしい〜。でも、これからもっとおいしくなるんです!」 **C.** オリーブオイルをたっぷり!「いかくんの塩気があるので、塩やしょうゆは足さないで」 **D.** 仕上げは黒こしょうをたっぷり。挽きたてだとよりおいしくなります。

Recipe 3

鶏じゃが

Point
だしはうまみのある「あごだし」を使って。しょうゆの量は好みで調整を。

● 材料（4人分）

鶏もも肉　300g
じゃがいも　3個
油揚げ　1枚
スナップえんどう　8本
にんじん　1/2本
あごだしパック　2個
砂糖　大さじ1
しょうゆ　少々

● 作り方

1. 鶏肉は皮と脂を取り除いて一口大に切る。スナップえんどうはすじを取ってさっと下ゆでしてざるに上げる。油揚げは油抜きをして短冊切りにする。
2. じゃがいもは皮をむいて4等分にする。にんじんは皮をむいて乱切りにする。
3. 鶏肉、じゃがいも、にんじん、だしパックを鍋に入れてかぶるくらいの水（分量外）を入れ、火にかける。
4. あくを取りながら中火で煮る。じゃがいもに竹串を刺して通ったら砂糖、しょうゆを加える。油揚げとスナップえんどうを加え、味が染み込んだら完成。

How to Cook

A.「料理しながら、同時進行で洗い物もするのがわが家のルールです!」と口をそろえる二人。抜群のチームワークで進めていきます。 **B.**「もうちょっとお砂糖足したほうがいいかねえ」というお母さんに、「うちは薄味だからこのままで大丈夫!」と返す。 **C.** ちゃんとじゃがいもに火が通ったか、菜箸を刺してチェック。 **D.** 味見して「うん、おいしい!　わが家の味だ〜」。味の決め手はうまみたっぷりの「あごだし」。いつも兵庫から取り寄せてストックしています。

Recipe 4

枝豆ごはん

● 材料（4人分）

米　2合
枝豆（冷凍）　200g
酒　小さじ2
塩　小さじ1/2

● 作り方

1. 米はといで炊飯器か土鍋に入れ、同量の水（分量外）を加えて30分ほど浸しておく。
2. 1に酒、塩を加えてさっと混ぜ、さやから出した枝豆をのせて炊く。
3. 炊き上がったら全体をさっくりと混ぜ合わせる。

Point
枝豆が旬の季節は、生の枝豆を固めに塩ゆでして加えてもOK。

今日のメニューは私の好きなものばっかり。実家にいるみたいな気分！　うちの地元は漁師町でお母さんは魚料理も得意だから、今度は魚のさばき方や煮つけの作り方を教わりたいな。（Kanoco）　いつも家では一緒にごはんを作ってるけど、あらためて料理を教えたのははじめてかもね。今度実家に帰ってきたら、まず魚の3枚下ろしを教えようかな。（母）

How to Cook

A. 今回は土鍋で炊きましたが、もちろん炊飯器でも。夏は生の枝豆、それ以外の季節は冷凍枝豆を使えば一年中楽しめます。　**B.** ごはん専用の土鍋で約12分炊き、20分蒸らせば完成！　**C.** ふたを取ると、豆の甘い香りが部屋いっぱいに広がります。「炊き上がった後に混ぜる方法もあるけど、一緒に炊いたほうが豆の味がごはんに染み込んでおいしくなります」

教えてくれた人

Organon Ceramics Studio
瀬川辰馬さん

2014年8月、千住に陶芸教室・Organon Ceramics Studioをオープン。小さい教室ならではの細やかな指導が魅力。予約して気軽に参加できる1日体験コースと、月4回のコースが。

Part 3.
陶芸

料理が好きだから、自然と器にも興味が出てきて
とうとう本格的な陶芸にトライ。
盛りつけるメニューまで想像しながら
私だけのスペシャルな一枚を作ります。

How to make a ceramic art

本格的に陶芸に挑戦するのははじめて。
粘土の状態から、色を決めるまで、
約1時間半の「1日体験コース」です。

1\. 手びねりか電動ろくろを選ぶことができますが、今日は電動ろくろを使って作っていきます。まずは作りやすくなるよう、先生が手慣れた様子で粘土の揺れを鎮めてくれます。これで準備はOK!

2\. さあ、私の陶芸制作スタートです。まずは片手がすっぽり入るサイズのボウルに張られた水で、両手をしっかり濡らしてから、ろくろで回っている粘土に触れます。

3\. 足元のペダルを右足で踏んで、電動ろくろの速度を調節します。しっかり濡らした両手で粘土の先端を優しく包むように成形していきます。

4\. 親指の爪で、電動ろくろで回っている粘土の先端に穴を開けていきます。「楽しいけど、難しい〜!」と思わず漏らす私に、「器用ですね。めちゃくちゃうまい。すばらしい!」と、先生。真剣な表情にご注目。

5\. 穴を開けた粘土のフチを、両手の人差し指同士で挟んで、少しずつ、少しずつ、幅を広げていきます。粘土がとてもつるつるしているので、ちょうどいい厚みにするこの工程がすごく難しいんです。

6\.

「めっちゃつるつるしてる〜! 難しい〜!」と苦戦している私。実は、1回失敗してしまい、最初からやり直しているんです(笑)。それでも、先生のナイスフォローにより、再チャレンジ成功です。

next

7.

煮物を盛りつけるための器にしたくて、がんばって少しずつ、口を大きめに広げているところです。本当はもう少し大きくしたかったけれど、これくらいが厚みの限界だそうです。

8.

だんだんと形ができてきました。先生からは「厚みのバランス、ちょうどいいです」とお褒めの言葉、いただきました！ 里芋の煮物にちょうどいいかも。

9.

水を含ませたスポンジを軽く絞って、粘土の内側の中心に当て、少しずつ壁を上らせていきます。この作業のおかげで、内側の細かなでこぼこがきれいになるのだそう。

粘土の口元、エッジの部分を、シカのレザーを小さく切ったもので優しくつまみ、口を丸く、なめらかにしていきます。器になったときに美しく、口当たりがよくなりそうです。

10.

そして、とうとう成形が完了しました！手のひらにすっぽり収まるちょうどいいサイズ感。自分でも満足の出来映えです。

11.

12.

細い糸を使って、土台から器を切り離す作業。こちらは難しいので、先生がやってくださいます。見ているだけで緊張する一瞬。

13.

土台の向こうには、そこから切り離された器。満足感から、思わず見入ってしまう私です。焼き上がって、料理を盛りつけるところまで、ぽわん、妄想が広がって。

14.

先生が独自に釉薬を調合して、焼いた色味見本がずらり。タイルみたいでかわいいんです。ツヤのあるものからマットなものまで、約600種類も。この中から器の形と用途に合う色味を選びます。迷う!

15.

先生が一色一色、パソコンで管理しているレシピに沿って、それぞれの原料のグラム数を%から算出し、それぞれはかりで量りながら加えていきます。

16.

少しの違いで色味が違ってしまうので、スプーンを片手でトントンしながら、鉱物や金属の粉を少しずつ少しずつ、おそるおそる加えていく、真剣な表情の私。化学の実験を思い出しました。

レシピの粉をすべて加えたら、すり鉢ですっていきます。成形・釉調合体験コースは、ここまでで終了。その後、先生が釉をかけ、焼き、約2週間ででき上がります。

17.

失敗することはあっても、"これが正解"というものはなくて、自分の思うままに、好きなようにできるのがすごく楽しかったです。里芋の煮物や鶏団子を盛りつけたいなぁと、お料理もますます好きになりそう!

shop info

Organon Ceramics Studio

東京都足立区千住緑町3-1-21F ☎050-3556-0696 営9:00～19:00 月～木曜定休
※電話もしくはメール(mail@organon.tokyo)にて予約制

ジャーン! その後焼き上がり、私の手元に届いたのがこちらの器です。優しいオフホワイトは、里芋の煮物や、鶏団子が映えそう。なめらかなカーブも手に心地いいんです。

Kanocoの一日

朝起きてから眠るまで
ときどき、しろくま。ときどき、ぼんやり。
Kanocoをつくる24時間。

June 11, 2015, **7:00 am**

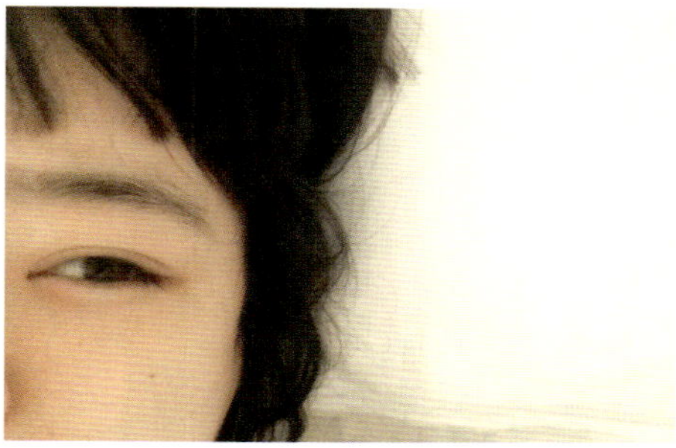

おはよう。いつも太陽が起こしてくれる。

Posted in Diary | Comment

June 11, 2015, **7:30 am**

目覚めてすぐのアイスがたまらなく好き。

Posted in Diary | Comment

June 11, 2015, **9:00 am**

今日の日付にする、家を出るときの私の行事。

Posted in Diary | Comment

June 11, 2015, **9:30 am**

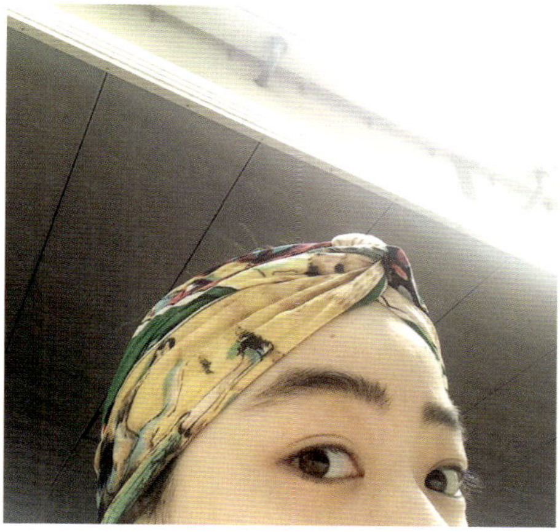

身支度をして外に出ると、暑い日が待ってた。

Posted in Diary | Comment

June 11, 2015, **10:30 am**

家で見る赤よりも、外で見る赤の方が魅力的かも。

Posted in Diary | Comment

June 11, 2015, **12:00 am**

ブックを持って今日もオーディションを駆け回る。

Posted in Diary | Comment

June 11, 2015, **10:00 pm**

ベッドの上で飲む珈琲が一番美味しい。

Posted in Diary | Comment

June 11, 2015, **10:10 pm**

寝る前のひとときをこの本に託す。

Posted in Diary | Comment

June 11, 2015, **12:00 pm**

愛しい君も早く寝ようね、おやすみ。

Posted in Diary | Comment

June 11, 2015, **1:30 pm**

いつもの店でいつもの席で。

Posted in Diary | Comment

June 11, 2015, **4:00 pm**

不意にたくさんの本を買ってしまう癖がある。

Posted in Diary | Comment

June 11, 2015, **7:00 pm**

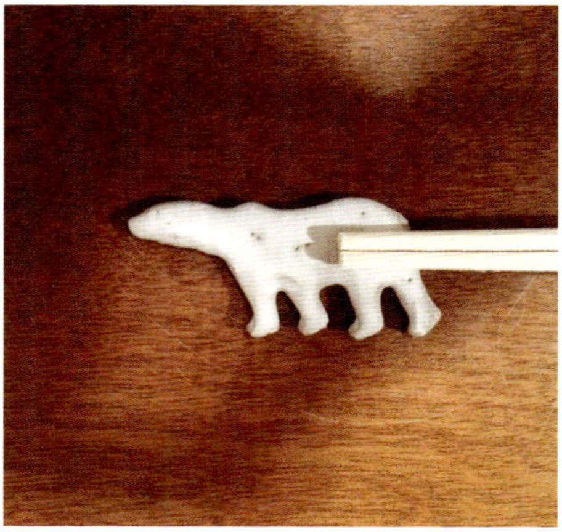

晩ご飯に入ったお店でまさかの出会い。

Posted in Diary | Comment

Kanocoの生い立ち

髪型は今と変わらずほとんどマッシュ系、
小さいときからくま好き?!
Kanocoが生まれてからこれまでをふり返ります。

ほっぺた赤いねぇ。

1歳

1歳の誕生日は1升の餅を背負うらしい。一生食べ物に困らないようにと。ありがとう、お父さんお母さん。

スキー場で疲れ果てて「もう歩けない」とだだをこねる。だいたいいつもこのパターンなのは私が一番よく知っている。

3歳

寒い〜、つかれた〜。

3歳

お母さんの作ったお弁当を食べる男の子みたいな私。くまのトレーナー着てるね、この頃からくまが好きだったのかな。

わっはっは──!

6歳

家族で行った海水浴でご満悦。紺と白と赤が入った水着は今でも覚えてる。

4歳

保育園の夕涼み会。 金魚の浴衣に赤い帯の組み合わせが子供ながら気に入ってたなぁ。

細すぎてモヤシ、ゴボウ呼ばわりされていた小学生時代。これは運動会の予行演習だったかな。

10歳

走るのは意外と早かったんだよ。

17歳

眉毛なんか整えたりしてさ、結局今では生やし放題なくせに、かのこさんよぅ。お洒落することで変化する自分を見て、大人への階段をのぼろうとしている。

12歳

阪神淡路大震災の復興感謝マラソンに出ていた母を応援するべく父と行く。甲子園球場がスタートラインだったような。

お正月に帰省して雪の中で記念撮影。何故か兄と写真を撮るのが好きだった私はこのとき嬉しくて一人笑っている。たっちゃん(兄)も笑ってくれよ。

19歳

現在

Dot＋LIMでヘアトリートメントをして天使の輪が復活。これで準備万端、どこへでも行ける。

本の終わりは
これからの始まり。
またどこかで会いましょう。
最後まで読んでくれて
本当に本当にありがとう。

ショップリスト

アディクション ビューティ	0120-586-683
アンダーカバー	03-3407-1232
大塚呉服店 ルミネ新宿店	03-6279-0112
コム デ ギャルソン	03-3486-7611
コンバースインフォメーションセンター	0120-819-217
スタイルデパートメント	03-5784-5430
THREE	0120-898-003
Diptrics（ショールーム）	03-3409-0089
TOGA 原宿店	03-6419-8136
NIKE カスタマーサービス	0120-6453-77
NARS JAPAN	0120-356-686
ネペンテス	03-3400-7227
ビショップ	03-6427-3710
フォグリネンワーク	03-5432-5610
ホームスパン	03-5738-3310
ミヤオ	03-6804-3494
無印良品 池袋西武	03-3989-1171
メイクアップ アート コスメティックス	03-5251-3541
ロビタズ	03-5720-7878
ワイズ プレスルーム	03-5463-1540

カノコノコト

2015年8月19日　第1刷発行

著者　Kanoco

発行人　蓮見清一

発行所　株式会社宝島社
〒102-8388
東京都千代田区一番町25番地
編集／03-3239-1971
営業／03-3234-4621
http://tkj.jp
振替　00170-1-170829 ㈱宝島社

印刷・製本　株式会社リーブルテック

本文中の価格は消費税抜きで表示してあります。
※p3-5、20-67、94-97、104-107の掲載アイテムは本人私物となります。各ブランド、メーカーへのお問い合わせはご遠慮ください。

ISBN978-4-8002-4316-4

撮影
後藤啓太〈カバー、p6-19〉
Kanoco〈p3、67、72-77、108-109〉
竹林省悟（BARK in STYLe）〈p20-49〉
岩本 彩（スタジオアマナ）〈p50-59〉
佐藤寿樹〈p52-55、58-59（物）〉
新田君彦〈p61-66、68-71〉
吉岡真里〈p64-65（物）〉
山本あゆみ〈p78-85、98-103〉
熊谷直子〈p86-93〉
松木宏祐〈p94-97、104-107〉

スタイリング
山本マナ〈カバー、p6-19〉
小川夢乃〈p78-85、98-103〉

着付け
大竹恵理子〈p86-93〉

ヘアメイク
jiro for kilico.〈カバー、p6-19〉
扇本尚幸〈p50-59、86-97、104-107〉
吉川陽子〈p61-71〉
廣瀬瑠美〈p78-85〉
草場妙子〈p98-103〉

デザイン
漆原悠一、中道陽平（tento）

文
安達 薫〈p20-49〉
佐久間千絵〈p60-67〉
Kanoco〈p68-77、108-111〉
工藤花衣〈p98-103〉

編集
関根麻貴〈p50-59〉
小川知子〈p78-93〉
安達 薫〈p94-97、104-107〉
芹澤雅子、吉野真未（宝島社）

スペシャルサンクス
東川綾子、BARK in STYLe

カノコノコト